Rastreo del tiempo

Monika Davies

Asesora

Catherine Hollinger, CID, CLIA
EPA WaterSense Partner
Asesora ambiental

Créditos de imágenes: Portada y pág.1 dmac/
Alamy; pág.14 Dennis MacDonald/Alamy; págs.5,
26 Ryan McGinnis/Alamy; pág.9 RGB Ventures/
SuperStock/Alamy; pág.27 (inferior) ZUMA
Press, Inc./Alamy; págs.10, 18, 25 (ilustraciones)
Tim Bradley; pág.11 Cargo Collective; pág.12
Lexa Hoang; contraportada, págs.6 (fondo), 10
(izquierda), 14, 15, 20–23 (fondo), 21 (superior e
inferior), 24–25 (fondo), 31 iStock; pág.17 STR/EPA/
Newscom; pág.4 Getty Images/Science Faction;
págs.28–29 (ilustraciones) J.J. Rudisill; págs.11, 23
Wikipedia; todas las demás imágenes cortesía de
Shutterstock.

Teacher Created Materials
5301 Oceanus Drive
Huntington Beach, CA 92649-1030
http://www.tcmpub.com
ISBN 978-1-4258-4686-2

Contenido

Vigilantes del tiempo

¿Has mirado por la ventana el día de hoy? ¿El sol brillaba alto en el cielo? ¿O había negras nubes de tormenta? ¿El viento movía los árboles o la nieve caía?

El **tiempo atmosférico** es el estado del aire en un momento y lugar determinado. Es posible que el sol brille. El aire puede ser frío o cálido. Es posible que sople el viento. O tal vez esté lloviendo. Todos estos son diferentes tipos de tiempo atmosférico. La mayoría de las veces, es apacible. Pero algunos tiempos atmosféricos son peligrosos. Los **meteorólogos** hacen un seguimiento del tiempo para que podamos predecir y planificar los cambios.

Cazadores de tormentas

La mayoría de los meteorólogos trabajan donde ellos y sus computadoras puedan permanecer cálidos y secos. Pero otros, corren afuera para ver algo de las tormentas más recientes. Es peligroso, pero su trabajo nos ayuda a entender mejor el modo en el que pequeños cambios en el aire producen grandes cambios en la tierra.

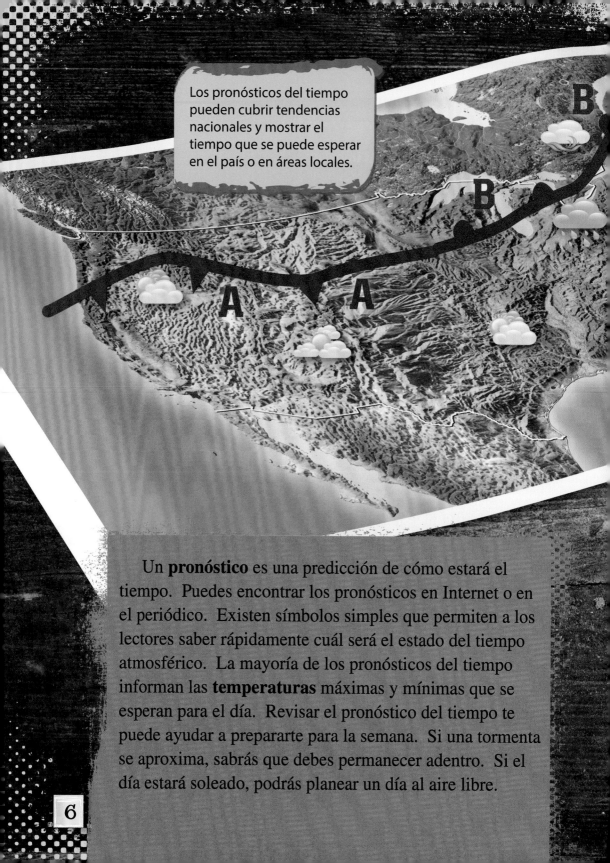

Los pronósticos del tiempo pueden cubrir tendencias nacionales y mostrar el tiempo que se puede esperar en el país o en áreas locales.

B

B

A

A

Un **pronóstico** es una predicción de cómo estará el tiempo. Puedes encontrar los pronósticos en Internet o en el periódico. Existen símbolos simples que permiten a los lectores saber rápidamente cuál será el estado del tiempo atmosférico. La mayoría de los pronósticos del tiempo informan las **temperaturas** máximas y mínimas que se esperan para el día. Revisar el pronóstico del tiempo te puede ayudar a prepararte para la semana. Si una tormenta se aproxima, sabrás que debes permanecer adentro. Si el día estará soleado, podrás planear un día al aire libre.

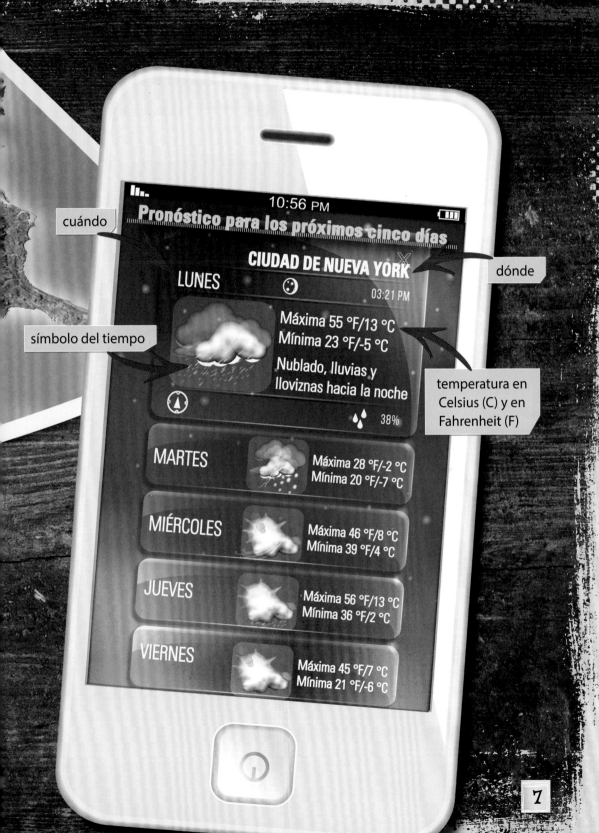

cuándo

dónde

símbolo del tiempo

temperatura en Celsius (C) y en Fahrenheit (F)

10:56 PM

Pronóstico para los próximos cinco días

CIUDAD DE NUEVA YORK

LUNES   03:21 PM

Máxima 55 °F/13 °C
Mínima 23 °F/-5 °C

Nublado, lluvias y lloviznas hacia la noche

38%

MARTES   Máxima 28 °F/-2 °C
              Mínima 20 °F/-7 °C

MIÉRCOLES   Máxima 46 °F/8 °C
              Mínima 39 °F/4 °C

JUEVES   Máxima 56 °F/13 °C
              Mínima 36 °F/2 °C

VIERNES   Máxima 45 °F/7 °C
              Mínima 21 °F/-6 °C

Mediciones modernas

Los meteorólogos usan muchas herramientas para hacer los pronósticos. Algunas de estas herramientas son nuevas y modernas. Otras se usan hace ya cientos de años. Todas brindan importantes **datos** a los científicos.

Los **satélites** en el espacio toman fotografías de la Tierra. También registran datos como la velocidad del viento. Todo eso les permite a los expertos hacer un seguimiento de los patrones del tiempo atmosférico. Estos patrones ofrecen pistas sobre el tiempo que se avecina.

El **radar** nos dice en qué partes del aire hay agua. También permite mostrar en qué partes caerá agua. El radar puede determinar si el agua se convertirá en lluvia, nieve, aguanieve o granizo.

El Servicio Meteorológico Nacional analiza miles de millones de datos al día para hacer predicciones.

Una sorpresa tormentosa

Potentes computadoras ayudan a los meteorólogos a entender la información que recopilan. Pero el tiempo atmosférico cambia constantemente. Y los cambios pequeños del tiempo atmosférico en un lugar pueden afectar otras áreas. Eso significa que, a veces, los meteorólogos se equivocan, ¡y se llevan sorpresas tormentosas!

Las computadoras usan colores diferentes para indicar las áreas con más lluvia durante una tormenta.

9

Seguimiento de la temperatura

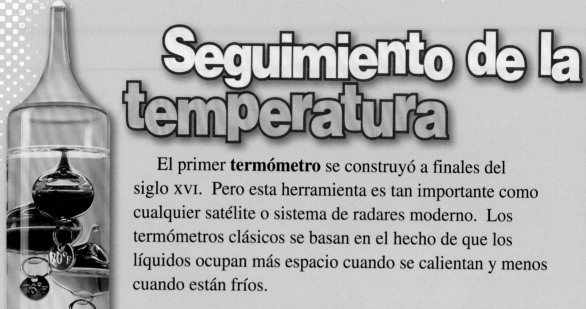

El primer **termómetro** se construyó a finales del siglo XVI. Pero esta herramienta es tan importante como cualquier satélite o sistema de radares moderno. Los termómetros clásicos se basan en el hecho de que los líquidos ocupan más espacio cuando se calientan y menos cuando están fríos.

Si el aire está frío, el líquido en un termómetro de vidrio se contrae. Si el aire es cálido, el líquido se expande. La parte superior del líquido se alinea con un número. Este número es la temperatura. El número indica cuánto calor o frío hace afuera. Un número alto indica que hace mucho calor. Un número bajo indica que hace mucho frío.

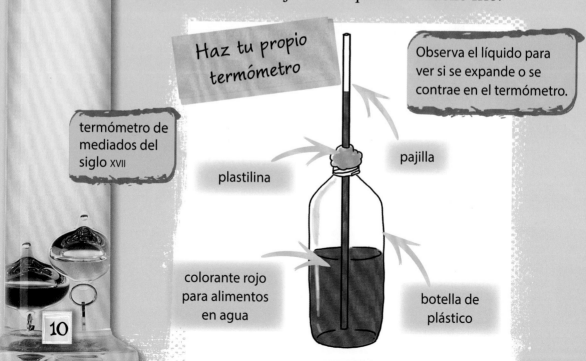

Haz tu propio termómetro

Observa el líquido para ver si se expande o se contrae en el termómetro.

termómetro de mediados del siglo XVII

plastilina

pajilla

colorante rojo para alimentos en agua

botella de plástico

°C °F

50 — — 120

40 — — 100

30 — — 80

20 — — 60

10 —

0 —

Anders Celsius

Daniel Fahrenheit

La palabra griega metron significa "medir". Esta palabra raíz se puede encontrar en los nombres de muchas herramientas de medición.

0

20

Mediciones importantes

La temperatura se mide en grados. Existen dos formas de medirla, en grados Fahrenheit (°F) y en grados Celsius (°C). Fahrenheit lleva ese nombre por Daniel Fahrenheit. Celsius, por Anders Celsius. Ambos métodos miden la misma cosa. Pero usan escalas diferentes: 100 °F equivalen a 38 °C.

Los científicos monitorean los frentes fríos y cálidos en el aire. Un frente es el lugar en el que se encuentran grandes áreas de aire frío y caliente. Un frente frío se produce cuando el aire frío se mueve hacia el aire caliente. Con frecuencia, eso significa que el pronóstico incluye lluvia y truenos. Un frente cálido se produce cuando el aire caliente se mueve hacia una gran área de aire frío. Los frentes cálidos también provocan lluvias. Los frentes cálidos tienden a moverse con más lentitud que los frentes fríos.

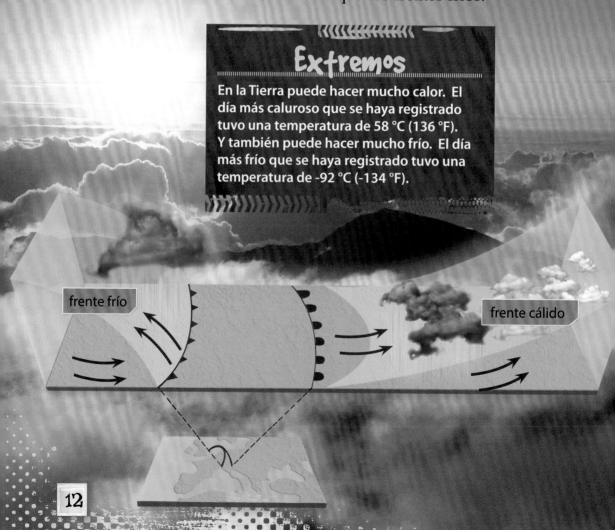

Extremos

En la Tierra puede hacer mucho calor. El día más caluroso que se haya registrado tuvo una temperatura de 58 °C (136 °F). Y también puede hacer mucho frío. El día más frío que se haya registrado tuvo una temperatura de -92 °C (-134 °F).

frente frío

frente cálido

Esta escala muestra la temperatura en grados Fahrenheit.

Temperaturas estacionales

La temperatura del lugar en el que vivimos cambia todos los días. Podemos usar gráficos de barras para registrar esos cambios. Cada gráfico a continuación muestra la temperatura promedio semanal de una ciudad.

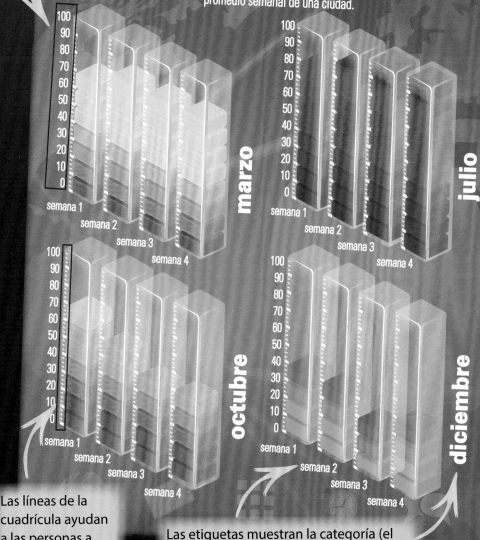

Las líneas de la cuadrícula ayudan a las personas a leer los datos.

Las etiquetas muestran la categoría (el mes) que se está midiendo (en semanas).

Registro de la lluvia

Si ves nubes negras en el cielo, toma un paraguas o vuelve corriendo a tu casa. Estas son nubes estratos y están llenas de lluvia. Una tormenta grande puede hacer mucho más que empaparte la ropa. Puede dañar el tendido eléctrico y provocar inundaciones.

Los científicos usan radares para predecir dónde y cuándo habrá lluvias. Los noticieros muestran la trayectoria que se cree que tomará una tormenta. Informan las **probabilidades** de que una tormenta afecte áreas cercanas.

STORMTRACK

Jue. 2 p. m. Vientos: 35 mph
Mié. 2 p. m. Vientos: 40 mph
Mar. 2 p. m. Vientos: 80 mph
Lun. 2 p. m. Vientos: 145 mph
Lun. 2 a. m. Vientos: 155 mph
Dom. 2 p. m. Vientos: 160 mph
Dom. 2 a. m. Vientos: 155 mph

Huracán Gustav
Lat.: 22.7N Lon.: 83.4W
Vientos: 150 mph
Presión: 941 mb / 27.79"
Noroeste 15 mph
367 mi. Sur de Tampa, FL

Los meteorólogos crean mapas especiales para ayudar a las personas a entender cuándo y dónde habrá una tormenta. Los números en cada icono muestran la potencia del huracán en cada lugar.

Tabla de nubes

Las nubes en el cielo pueden darnos pistas acerca de cómo será el tiempo atmosférico. Hay muchos tipos de nubes. Estas son algunas de los más comunes.

Las nubes estratos son planas y largas. Si estas nubes están bajas y grises, probablemente el pronóstico indique lluvias.

Las nubes cirros se ven como delgadas plumas en lo alto del cielo. Cuando llegan esas nubes, es probable que vengan días cálidos.

Las nubes cúmulos son nubes mullidas, usualmente bajas. Pueden hacerse muy altas. Estas son las que se ven en un día soleado. Pero a veces, producen tormentas severas.

Las nubes están compuestas por gotas de agua diminutas.

Los científicos monitorean la lluvia a medida que se acerca. Luego, cuando llega, la miden. Un **pluviómetro** es un instrumento que mide cuánta lluvia ha caído. Un contenedor abierto con líneas numeradas a los lados recolecta la lluvia cuando cae. Las líneas muestran cuánto líquido hay en el contenedor.

Si quieres usar un pluviómetro durante una tormenta fuerte, colócalo afuera en un espacio abierto. Evita ponerlo cerca de arbustos o árboles. (Podrían alterar la cantidad de agua que cae en el pluviómetro). Cuando la tormenta haya pasado, el pluviómetro mostrará cuánta lluvia cayó del cielo.

El informe de la lluvia

Podemos registrar cuánta lluvia ha caído con un pictograma. Este gráfico muestra una semana lluviosa con secciones para cada día. Cada sección tiene una cantidad de gotas de lluvia. Una gota de lluvia representa media pulgada de lluvia. ¿Puedes decir qué día fue el más lluvioso? Si dijiste miércoles, ¡estás en lo cierto!

| domingo | lunes | martes | miércoles |

pluviómetro

Megalaya, en la India, recibe la mayor cantidad de pulgadas de lluvia al año. El nombre Megalaya significa "tierra de nubes".

jueves	viernes	sábado

Evaluar la presión del aire

Podemos decir cosas como "liviano como el aire". Pero los científicos saben que el aire puede ser pesado. El aire en la **atmósfera** hace presión sobre nosotros todo el tiempo y esta presión tiene gran efecto en el tiempo atmosférico.

Un **barómetro** mide la presión del aire. Los barómetros están hechos de un tubo de vidrio lleno de líquido. La parte inferior del tubo está abierta y descansa dentro del recipiente.

Haz tu propio barómetro

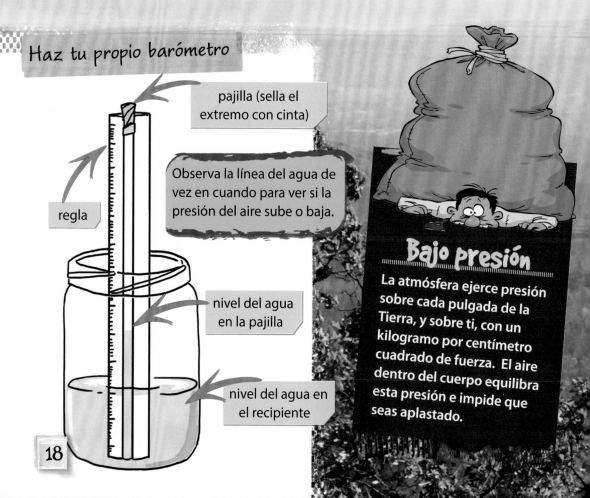

pajilla (sella el extremo con cinta)

Observa la línea del agua de vez en cuando para ver si la presión del aire sube o baja.

regla

nivel del agua en la pajilla

nivel del agua en el recipiente

Bajo presión

La atmósfera ejerce presión sobre cada pulgada de la Tierra, y sobre ti, con un kilogramo por centímetro cuadrado de fuerza. El aire dentro del cuerpo equilibra esta presión e impide que seas aplastado.

La presión del aire disminuye donde la atmósfera es más delgada, como en la cima de una montaña.

Cuando la presión del aire es alta, el aire empuja hacia abajo el líquido en el recipiente. Entonces, el líquido en el tubo es empujado hacia arriba. Cuando la presión del aire es baja, el aire no empuja con tanta fuerza. El líquido dentro del tubo desciende.

Los científicos usan barómetros para medir la presión del aire. Si la presión del aire es alta, el aire desciende. Cuando el aire desciende a la altura de la Tierra, se seca. El aire seco significa que probablemente habrá un cielo soleado.

Si la presión del aire es baja, el aire sube. Cuando el aire se eleva y se aleja de la Tierra, cambia su forma a nubes y lluvia. El aire húmedo puede causar tiempo tormentoso.

Observa tu barómetro con atención. Cuanto más alto sea el número, más alta será la presión. Si la presión del aire es alta, probablemente verás cielos despejados. Si la presión del aire es baja, tal vez debas ponerte las botas de lluvia.

Meteorólogos Caninos

¿Alguna vez te has preguntado por qué tu perro corre hacia la casa, y al poco tiempo está lloviendo? Los animales perciben y reaccionan a los cambios en la presión del aire, la temperatura y el viento rápidamente.

barómetro

Observaciones del viento

Las **veletas** nos muestran la dirección en la que sopla el viento. Usualmente están en la parte superior de los edificios. Las veletas tienen cuatro flechas cortas que apuntan al norte, sur, este y oeste. Estas flechas permanecen inmóviles. Una flecha más alta en la parte superior se mueve con el viento. Apunta en la dirección en la que está soplando el viento. Por ejemplo, si el puntero está alineado con la flecha que apunta al norte, el viento sopla hacia el norte.

veleta de viento

Conocer la dirección en la que sopla el viento ayuda a los pilotos y controladores aéreos a decidir cuáles son los mejores lugares para despegar y aterrizar.

Los científicos usan una tabla de la rosa de los vientos para conocer el patrón de los vientos. La tabla de la rosa de los vientos muestra la dirección y la velocidad de los vientos en un área. Si una tormenta se aproxima, los meteorólogos saben la dirección en la que es probable que el viento sople durante la tormenta.

colores más oscuros significan
e el viento sopla con suavidad.
s colores más claros significan
e el viento sopla con más fuerza.

Velocidad del viento
(kilómetros por hora)

15.50 (1.6%)

10.80 (6.1%)

8.23 (27.6%)

5.14 (35.0%)

3.09 (22.0%)

1.54 (0.0%)

0.00 (3.6%)

N

3.6%

2%
4%
6%
8%
10%
12%

E

S

Esta etiqueta muestra
en qué dirección
sopla el viento.

El porcentaje indica la
frecuencia con la que
el viento sopla a cada
velocidad.

Mientras la veleta muestra la dirección en la que sopla el viento, el **anemómetro** mide la velocidad a la que sopla el viento. Este dispositivo está hecho de cazoletas unidas a un poste. Cuanto más sopla el viento, más rápido giran las cazoletas. El anemómetro registra la cantidad de veces que las cazoletas hacen un círculo completo. Cuenta ese número durante un período determinado. Así calcula la velocidad del viento.

Un cambio en la velocidad del viento podría significar que una tormenta se avecina. La velocidad del viento también puede decirnos la rapidez con la que se moverá una tormenta.

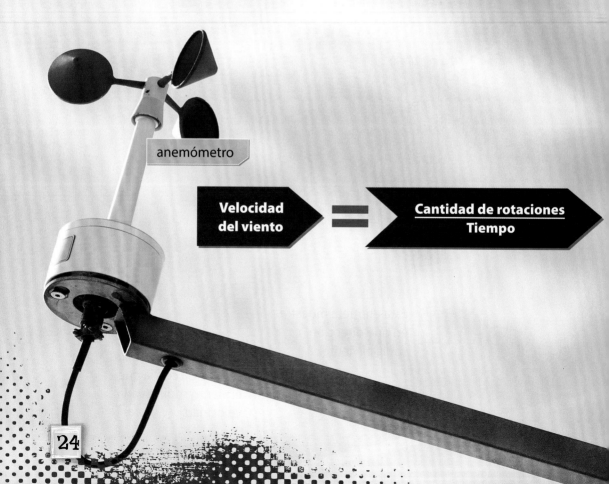

anemómetro

Velocidad del viento = Cantidad de rotaciones / Tiempo

El lugar más ventoso
del mundo es la Antártida.

Haz tu propio
anemómetro

Cuenta los cazoletas

El primer anemómetro fue creado en 1846. Tenía cuatro cazoletas. La mayoría de los anemómetros de hoy usan tres cazoletas.

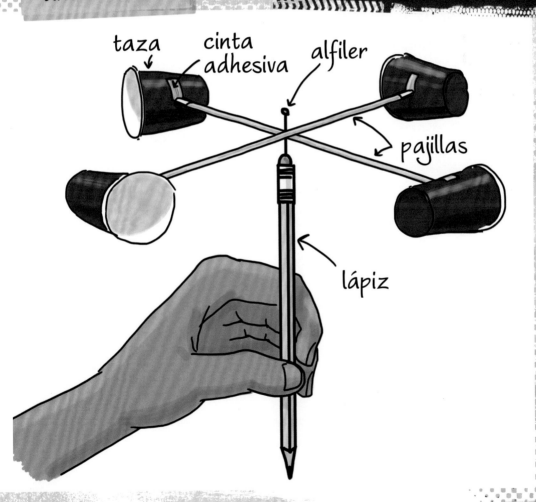

taza

cinta adhesiva

alfiler

pajillas

lápiz

La potencia en números

Hay patrones en el cielo. Es posible que sean invisibles para el ojo no entrenado. Pero para quienes saben qué herramientas usar, el tiempo atmosférico cuenta una historia fascinante. Los meteorólogos miden la temperatura, la velocidad del viento y la presión del aire. Observan las nubes y verifican si hay humedad en el aire. Día a día, predicen el tiempo atmosférico. El trabajo que hacen nos informa y protege. ¡El trabajo que hacen nunca termina!

daños por tormenta

ayuda voluntaria en casos de desastre

"Cuando todo está dicho, el tiempo atmosférico y el amor son los dos elementos sobre los que no hay nada seguro".

—Alice Hoffman, escritora

Piensa como un científico

¿Qué sucede cuando un frente frío se encuentra con un frente cálido? ¡Experimenta y averígualo!

Qué conseguir

- 2 cubos grandes
- 2 globos azules
- 2 globos rojos
- agua fría
- agua tibia

Qué hacer

1 Llena por completo los globos rojos con agua tibia y los globos azules con agua fría. Asegúrate de que no haya aire en los globos.

2 Llena un cubo grande con agua tibia y el otro con agua fría.

3 Coloca los globos en cada cubo. Observa cómo el líquido frío y el tibio interactúan entre ellos. Registra tus observaciones en un cuadro como la siguiente.

4 El aire en la atmósfera se comporta de la misma manera. ¿Cómo puede afectar al tiempo?

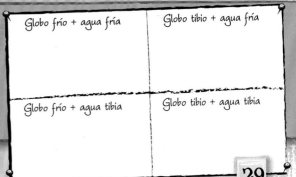

Globo frío + agua fría	Globo tibio + agua fría
Globo frío + agua tibia	Globo tibio + agua tibia

Glosario

anemómetro: un instrumento para medir la velocidad y la dirección del viento

atmósfera: la masa de aire que rodea la Tierra

barómetro: un instrumento para medir la presión del aire

datos: la información usada para calcular, analizar o planificar algo

meteorólogos: personas que estudian la atmósfera, el tiempo y el pronóstico del tiempo atmosférico

pluviómetro: un instrumento que mide cuánta lluvia ha caído

probabilidades: las posibilidades de que algo suceda

pronóstico: una declaración sobre lo que crees que pasará en el futuro

radar: un dispositivo que usa ondas de radio para encontrar objetos

satélites: objetos en el espacio que orbitan alrededor de objetos más grandes

temperaturas: medidas que informan qué tan frío o caliente es algo

termómetro: un instrumento para medir la temperatura

tiempo atmosférico: el estado del aire y la atmósfera en un momento y lugar determinados

veletas: dispositivos que muestran la dirección en la que sopla el viento

Índice

¡Tu turno!

Sé un meteorólogo

Los meteorólogos buscan patrones. Pasan semanas estudiando la relación entre los tipos de nubes en el cielo y la temperatura del aire. Todos los días, dibuja las nubes; una vez en la mañana y una vez en la noche. Registra la temperatura cada vez que dibujes. Al final de la semana, revisa tus datos. ¿Hay algún patrón?